CUISINE D'HIVER

ÉTOILE DES NEIGES, RECETTES MERVEILLEUSES

Chefclub
▸ NETWORK

CUISINE D'HIVER

ÉTOILE DES NEIGES, RECETTES MERVEILLEUSES

CHEFCLUB
ÉDITIONS

LES RECETTES EN VIDÉO

COMMENT DÉCOUVRIR LES VIDÉOS CHEFCLUB GRÂCE AUX QR CODES ?

1

Téléchargez gratuitement **l'application Chefclub** sur votre smartphone grâce au QR code ci-contre.

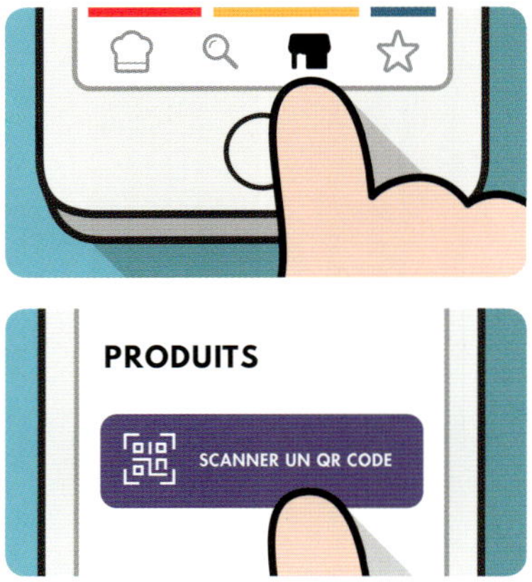

2

Rendez-vous sur l'onglet **Produit** (la petite maison en bas de l'écran) et appuyez sur **Scanner un QR code.**

3

Placez le QR code de la recette qui vous intéresse dans le cadre. La vidéo de la recette s'affiche sur votre smartphone !

TÉLÉCHARGER L'APPLICATION

INTRODUCTION

Dès que l'hiver pointe le bout de son nez, on se met à cuisiner ! Le feu de cheminée crépite mais ce qui nous réchauffe le plus, ce sont les amis et la famille qui se réunissent autour de la table ainsi que les plats généreux et conviviaux que l'on prend plaisir à partager. L'hiver est là, sa cuisine réconfortante l'accompagne.

Fondues, raclettes, gratins, mijotés, gâteaux et tartes… On reste au chaud dans la maison : c'est le moment parfait pour cuisiner ces plats familiaux. Chefclub vous propose ses recettes extraordinaires pour profiter de la saison froide avec gourmandise.

Allumez les fourneaux !

Bonne lecture et bon appétit,

L'équipe Chefclub

PHILOSOPHIE ET ASTUCES DU CHEF

DES RECETTES QUI NOURRISSENT LE CORPS... ET L'ESPRIT

Ou plus précisément votre imagination ! Les recettes Chefclub sont aussi des bases d'inspiration pour créer de nouveaux plats. Vous pouvez être influencé par une forme, une astuce ou une combinaison d'ingrédients et vous laisser entraîner par un nouvel élan de créativité. Chaque membre de la communauté Chefclub possède ainsi sa propre version, sa façon de revisiter un plat Chefclub. Et bien sûr, chacun détient la meilleure recette !
Voici quelques substituts que la communauté nous suggère régulièrement :

CRÈME FRAÎCHE

Pour une version plus légère, essayez le fromage blanc allégé. Dans des sauces, vous pouvez aussi utiliser de l'huile d'olive.

JAMBON

Vous ne mangez pas de porc ? Essayez le jambon de dinde ou la viande des Grisons. Dans certaines recettes, même le saumon fumé peut être une alternative.

LARDONS

Des dés de poulet achetés tout prêts ou, mieux, retirés à un reste de poulet rôti feront parfaitement l'affaire pour qui ne mange pas de porc. Les champignons constitueront l'option végétarienne.

ŒUF

Dans les gâteaux, la banane écrasée apporte la texture désirée et permet un dessert 100 % végétal !

MASCARPONE

Pour vos crèmes et chantilly, vous avez le choix : la crème allégée pour un régime, les petits-suisses faciles à trouver ou la ricotta pour une saveur plus marquée.

LAIT

Vous êtes intolérant ou le digérez mal ? Tentez les substituts à base de soja, d'amandes ou de toutes sortes de végétaux.

MOZZARELLA RÂPÉE

Pour un côté croustillant sur les gratins, pas besoin de fromage ! Parsemez les plats avec de la chapelure ou du crumble : c'est délicieux.

BEURRE

Dans une recette sucrée, choisissez de la purée d'amandes ou de cacahuètes. Dans une recette salée, l'avocat apporte une texture similaire.

CUISINER COMME UN EXPERT TOUT L'HIVER

En cuisine, les astuces se passent de génération en génération et un bon cuisinier en a une pour toutes les occasions. Celles-ci vous aideront tout au long de ce livre :

Ne pelez pas les **LÉGUMES** d'une soupe : lavez-les ! C'est dans la peau qu'il y a le plus de vitamines.

Pour éviter les odeurs de cuisson des **CHOUX,** placez un croûton de pain ou un bouchon de liège dans l'eau de cuisson.

Faire cuire les pommes de terre dans du lait avec du beurre permet au **GRATIN DAUPHINOIS** d'être parfaitement fondant.

Il n'est pas nécessaire d'éplucher les **COURGES :** les peaux sont fines et savoureuses, particulièrement celles des potimarrons et butternuts.

Faites griller les lardons au préalable pour faire ressortir l'eau et le sel en excès lorsque vous préparez une **TARTIFLETTE.**

Faites revenir vos légumes avant d'ajouter l'eau de la **SOUPE,** cela fera ressortir leurs saveurs.

Pour qu'un **GRATIN** croustille bien, mixez du fromage râpé avec de la chapelure et parsemez-en le dessus du plat.

Attention aux **POMMES** dans votre corbeille ! Elles font mûrir plus vite les autres fruits. Il vaut mieux les conserver à part.

L'APÉRO

AU PIED DES PISTES

LES ŒUFS SUPER COCOTTE

ET LEURS MOUILLETTES TRÈS GOURMANDES

4 PERSONNES

PRÉPARATION
20 minutes

CUISSON
10 minutes à la poêle
10 minutes au four
5 minutes de friture

INGRÉDIENTS
150 g de lardons
20 cl de crème fraîche
10 œufs
150 g d'emmental râpé
200 g d'emmental en bloc
150 g de farine
150 g de chapelure
Huile végétale
Persil
Sel et poivre

MATÉRIEL
4 ramequins
8 bâtonnets de glaces

1 Faire griller les lardons. Répartir dans les ramequins la crème, du persil ciselé, 8 œufs, les lardons préalablement grillés puis l'emmental râpé (1). Saler et poivrer puis enfourner 10 minutes à 180 °C.

2 Planter les bâtonnets de glace dans le bloc d'emmental sur une longueur les uns à côté des autres et le couper de manière à avoir 8 sucettes d'emmental (2). Paner ces sucettes en les passant dans la farine, les œufs restants battus (3) et la chapelure 2 fois puis les faire frire.

3 Parsemer les œufs cocotte de persil ciselé puis les déguster en trempant les sucettes d'emmental dedans (4).

ASTUCE CHEFCLUB
Donnez encore plus de saveurs à vos sucettes à l'emmental en mélangeant des noisettes concassées à la chapelure : c'est délicieux !

LA RECETTE EN VIDÉO

2

L'idée Chefclub

DES SUCETTES DE FROMAGE PANÉES EN GUISE DE MOUILLETTES

3

4

LE SOLEIL D'HIVER

SES RAYONS RÉCHAUFFENT LES FROIDES SOIRÉES

6 PERSONNES

PRÉPARATION
25 minutes

CUISSON
20 minutes au four

INGRÉDIENTS
1 petit brie
2 pâtes feuilletées
1 gousse d'ail
11 saucisses
1 jaune d'œuf
Graines de sésame
Ciboulette
Sel et poivre

MATÉRIEL
1 pinceau
Papier cuisson

1 Couper la croûte supérieure du brie (1) et déposer le fromage sur 1 pâte feuilletée. Ajouter de l'ail haché et de la ciboulette ciselée dessus, saler, poivrer puis reposer la croûte sur le fromage (2).

2 Recouvrir le brie avec la 2nde pâte feuilletée (3). Bien souder les 2 pâtes et y réaliser 16 entailles tout autour du fromage.

3 Couper les saucisses en 3 parts égales (4) et enrouler la moitié des morceaux dans les bandes coupées dans la pâte supérieure (5-6). Enrouler les morceaux restants dans les bandes de la pâte inférieure en les faisant passer entre les morceaux enroulés précédemment.

4 Déposer le tout sur une plaque de four recouverte de papier cuisson, badigeonner de jaune d'œuf à l'aide du pinceau, parsemer de graines de sésame puis enfourner 20 minutes à 180 °C (7). Retirer la croûte du fromage puis déguster en trempant les rouleaux de saucisses dans le fromage (8-9).

ASTUCE CHEFCLUB
Il existe de nombreuses sortes de bries qui ont tous pour point commun d'être produits en Île-de-France. Les plus connus sont celui de Meaux, celui de Melun et le coulommiers. Pour cette recette, ce sont ces deux derniers qui seront les meilleurs.

LA RECETTE EN VIDÉO

L'idée Chefclub

UN SOLEIL DE FEUILLETÉS SAUCISSES ET SON BOL À FONDUE INTÉGRÉ

LA TARTE SAPIN DE NOËL

MON BEAU SAPIN, ROI DES APÉROS

6 PERSONNES

PRÉPARATION
30 minutes

CUISSON
10 minutes à la poêle
25 minutes au four

INGRÉDIENTS
200 g d'épinards
200 g de ricotta
2 œufs
50 g de mozzarella râpée
1 pâte brisée
12 tomates cerises
1 jaune d'œuf
Huile d'olive

MATÉRIEL
1 bouchon de bouteille d'eau
1 pinceau

1 Faire cuire les épinards à la poêle dans un filet d'huile d'olive puis les égoutter. Mélanger la ricotta, les œufs, la mozzarella et les épinards cuits.

2 Étaler le mélange au centre de la pâte brisée en formant un triangle isocèle. Du sommet à la base, tailler des lamelles de même largeur dans la pâte, perpendiculaires aux côtés les plus longs. Faire aussi une entaille de chaque côté de la ligne de base du triangle. Retirer les triangles de pâte qui touchent les 3 sommets du triangle (1).

3 À l'aide du bouchon, enlever 1 disque de pâte dans les lamelles des côtés, au bord du mélange aux épinards (2). Poser 1 tomate cerise au sommet du triangle et rabattre les 2 premières lamelles par-dessus de façon à ce que la tomate passe dans les trous (3-4). Poser les autres tomates cerises sur les bords du triangle et rabattre les lamelles dessus.

4 Replier les morceaux de pâte de chaque côté de la base de façon à refermer le sapin et former un tronc (5-7). Badigeonner le tout de jaune d'œuf (8), enfourner 25 minutes à 180 °C puis déguster (9).

ASTUCE CHEFCLUB
Vous pouvez tailler en fines lamelles les morceaux de pâte que vous avez retirés et les utiliser pour former des guirlandes sur le sapin avant de le mettre au four. On ne gâche pas et c'est très joli !

LA RECETTE EN VIDÉO

L'idée Chefclub

UN PLIAGE ASTUCIEUX POUR FORMER FACILEMENT UN SAPIN DE NOËL

LA BAGUETTIFLETTE

C'EST LA RONDE DU FROMAGE

6 PERSONNES

PRÉPARATION
20 minutes

CUISSON
10 minutes au micro-ondes
10 minutes à la poêle
15 minutes au four

INGRÉDIENTS
900 g de pommes de terre
150 g de lardons
1 oignon
1 baguette de pain
10 cl de crème fraîche
1 reblochon
Persil
Poivre

MATÉRIEL
1 saladier
Film alimentaire

1 Déposer les pommes de terre dans le saladier avec un demi-verre d'eau, recouvrir avec du film alimentaire puis placer 10 minutes au micro-ondes. Faire griller les lardons avec l'oignon émincé et du persil ciselé. Tailler la baguette en 12 tronçons et tasser la mie à l'intérieur de chacun.

2 Couper les pommes de terre cuites en rondelles. Placer alternativement 1 tranche de pomme de terre et une cuillère à café de lardons grillés sur 3 couches (1). Terminer avec une cuillère à café de crème fraîche et du persil ciselé (2).

3 Placer le reblochon sur une plaque de four et disposer les tronçons de pain debout tout autour (3). Enfourner 15 minutes à 180 °C. À la sortie du four, retirer la croûte supérieure du reblochon (4), poivrer, parsemer de persil ciselé puis déguster en trempant les morceaux de pain dans le fromage fondu.

ASTUCE CHEFCLUB
Le reblochon fait en général entre 13 et 14 cm de diamètre mais il existe aussi en petit format de 9 cm. Si vous êtes moins nombreux, ce modèle sera amplement suffisant.

LA RECETTE EN VIDÉO

L'idée Chefclub

DES MOUILLETTES FOURRÉES DE POMMES DE TERRE ET LARDONS

LES QUICHES POTIMARRON

UN PEU COURGE, UN PEU QUICHE

6 PERSONNES

PRÉPARATION

20 minutes

CUISSON

10 minutes à la poêle
45 minutes au four

INGRÉDIENTS

200 g de lardons
1 oignon rouge
2 potimarrons
6 œufs
20 cl de crème liquide
Persil
Sel et poivre

MATÉRIEL

1 plat allant au four

1 Faire griller les lardons avec l'oignon émincé. Couper les sommets des potimarrons puis creuser l'intérieur avec une cuillère pour retirer les graines.

2 Mélanger les œufs avec la crème, saler, poivrer, ajouter du persil ciselé puis les lardons grillés. Répartir ce mélange dans les 2 potimarrons (1).

3 Placer les potimarrons dans le plat puis y ajouter 2 verres d'eau (2). Enfourner 45 minutes à 170 °C. À la sortie du four, couper en quartiers (3) puis déguster (4).

ASTUCE CHEFCLUB

Le potimarron est la courge la plus facile à manger en hiver. De petite taille, elle est parfaite pour les tablées peu nombreuses et se prépare rapidement avec sa peau tendre qu'il n'est pas besoin d'éplucher.

LA RECETTE EN VIDÉO

2

L'idée Chefclub

UNE QUICHE CUITE DIRECTEMENT DANS LA COURGE

3

4

LA SOUPE À L'OIGNON CHEFCLUB

LA FAMILLE DE LA SOUPE À L'OIGNON S'AGRANDIT...

4 PERSONNES

PRÉPARATION
20 minutes

CUISSON
20 minutes à la casserole
15 minutes au four

INGRÉDIENTS
- *1 pain de campagne rond d'environ 2 kg*
- *16 tranches de bacon*
- *1 gousse d'ail*
- *30 g de beurre*
- *2 oignons blancs*
- *1 oignon rouge*
- *1 c. à c. de sucre*
- *75 cl de crème liquide*
- *30 g de mozzarella râpée*
- *30 g d'emmental râpé*
- *Persil*

MATÉRIEL
Papier cuisson

1 Couper le haut du pain (1) puis retirer la mie pour évider le pain. Tailler le haut du pain en mouillettes (2). Envelopper chacune de ces mouillettes dans du bacon. Frotter l'intérieur du pain avec la gousse d'ail pelée (3) puis le parsemer de persil ciselé.

2 Faire fondre le beurre dans une casserole puis ajouter les oignons coupés en lamelles et le sucre (4). Bien mélanger et laisser fondre les oignons. Quand ils sont bien colorés, ajouter la crème liquide (5), porter à ébullition puis verser dans le pain (6).

3 Déposer le pain et les mouillettes au bacon sur une plaque de four recouverte de papier cuisson, ajouter la mozzarella et l'emmental sur la soupe (7) puis enfourner 15 minutes à 180 °C. À la sortie du four, déguster en trempant les mouillettes dans la soupe à l'oignon (8-9).

ASTUCE CHEFCLUB

Le pain a tendance à absorber une partie du liquide et devient plus fragile. Soyez vigilant quand vous le déplacez pour éviter les accidents.

LA RECETTE EN VIDÉO

L'idée Chefclub

UN PAIN ROND EN GUISE DE PLAT À SOUPE

LES NIDS DE SPAGHETTI

LE MONT-D'OR EST PRÊT À PRENDRE SON ENVOL

8 PERSONNES

PRÉPARATION

20 minutes

CUISSON

10 minutes à l'eau
10 minutes à la poêle
10 minutes au four

INGRÉDIENTS

500 g de spaghetti
1 oignon rouge
250 g d'allumettes de lardons
200 g de parmesan râpé
3 œufs
10 cl de crème fraîche
1 mont-d'or
Persil

MATÉRIEL

Papier cuisson

1 Cuire les spaghetti dans de l'eau bouillante salée puis les égoutter. Faire revenir l'oignon émincé avec les lardons puis les intégrer aux pâtes avec la moitié du parmesan, les œufs, du persil ciselé et la crème fraîche (1).

2 Couper le mont-d'or en dés. Planter 1 dé sur une fourchette puis la faire tourner dans les pâtes pour entourer le fromage en s'aidant d'une cuillère (2). Placer le petit nid ainsi formé sur une plaque de four recouverte de papier cuisson et recommencer avec tous les dés de fromage.

3 Saupoudrer le reste de parmesan sur tous les nids (3), enfourner 10 minutes à 180 °C puis déguster chaud (4).

ASTUCE CHEFCLUB

Habituellement, il est judicieux de rincer les pâtes à l'eau claire après les avoir égouttées pour retirer leur amidon peu digeste. Mais, dans cette recette, il permet aux pâtes de bien coller entre elles et il faut donc éviter de le faire.

LA RECETTE EN VIDÉO

L'idée Chefclub

DES BOUCHÉES INDIVIDUELLES DE SPAGHETTI AU FROMAGE

L'APÉRO DE LA DUCHESSE

UN PEU DE NOBLESSE… BEAUCOUP DE CAMEMBERT !

6 PERSONNES

PRÉPARATION
30 minutes

CUISSON
20 minutes à l'eau
20 minutes au four

INGRÉDIENTS
1 kg de pommes de terre
100 g de beurre
6 œufs
1 camembert
Persil

MATÉRIEL
1 bouteille en plastique
1 sac de congélation
Papier cuisson

1 **Préparation des pommes duchesse :**
Éplucher les pommes de terre, les cuire dans de l'eau salée puis les écraser en purée avec le beurre (1). Ajouter les œufs et du persil ciselé (2).

2 Couper la partie haute de la bouteille (3) et tailler une étoile dans le bouchon (4). Couper un des coins inférieurs du sac de congélation et insérer le goulot de la bouteille dedans (5). Refermer la bouteille et remplir le sac avec la purée (6).

3 Poser le camembert dans sa boîte sans le couvercle ni le papier au milieu d'une plaque de four recouverte de papier cuisson et dessiner tout autour des pommes duchesse en utilisant le sac avec le goulot de la bouteille comme poche à douille (7).

4 Enfourner 20 minutes à 180 °C. À la sortie du four, couper la croûte supérieure du camembert (8) et déguster en trempant les pommes duchesse dans le fromage (9).

ASTUCE CHEFCLUB
Pour des pommes de terre duchesse encore plus colorées, badigeonnez-les d'un peu de beurre fondu avant de les mettre au four !

LA RECETTE EN VIDÉO

L'idée Chefclub

UNE POCHE À DOUILLE RIGOLOTE FAITE MAISON AVEC UNE BOUTEILLE

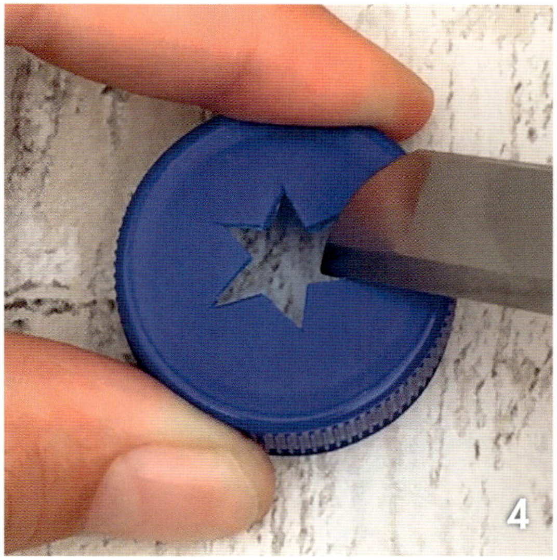

LE SUCRE D'ORGE DE L'APÉRO

UN BONBON SALÉ POUR LES ADULTES

4 PERSONNES

PRÉPARATION
30 minutes

CUISSON
25 minutes au four

INGRÉDIENTS
5 cl de sauce tomate
1 pâte feuilletée rectangulaire
1 tranche de jambon
5 champignons de Paris
30 g de mozzarella râpée
1 jaune d'œuf
15 tomates cerises
Parmesan râpé

MATÉRIEL
1 pinceau
Papier cuisson

1 Étaler la sauce tomate au milieu de la pâte feuilletée dans la longueur (1). Ajouter par-dessus le jambon (2) et les champignons coupés en morceaux puis les deux tiers de la mozzarella râpée.

2 À chaque extrémité, réaliser 2 entailles obliques de chaque côté de la bande de sauce tomate puis entailler les 2 longueurs tous les 2 cm perpendiculairement à la bande de sauce (3). Rabattre sur la sauce les 2 morceaux de pâte laissés par les entailles obliques (4) puis rabattre en alternance toutes les bandelettes jusqu'à former un boudin tressé (5).

3 Déposer le boudin sur une plaque de four recouverte de papier cuisson et plier un des côtés pour former un sucre d'orge (6). Badigeonner de jaune d'œuf à l'aide du pinceau, recouvrir avec la mozzarella restante et dessiner des bandes avec les tomates cerises coupées en 2 (7).

4 Enfourner 15 minutes à 190 °C puis descendre à 160 °C pour 10 minutes de plus. Saupoudrer de parmesan râpé puis déguster (8-9).

ASTUCE CHEFCLUB
Vous pouvez fabriquer un sucre d'orge 2 fois plus grand en collant l'une contre l'autre 2 pâtes feuilletées. C'est très facile et c'est idéal si vous recevez beaucoup de monde.

LA RECETTE EN VIDÉO

L'idée Chefclub

UN FEUILLETÉ EN FORME DE SUCRE D'ORGE POUR LES FÊTES

LA TARTINE AVOCAT-BACON

UN TOAST AU CŒUR COULANT

4 PERSONNES

PRÉPARATION
10 minutes

CUISSON
10 minutes au four
10 minutes à la poêle

INGRÉDIENTS
6 tranches de bacon
2 avocats
4 tranches de pain de campagne
4 œufs
60 g de cheddar râpé
Huile d'olive
Ciboulette
Sel et poivre

MATÉRIEL
Papier cuisson

1 Enfourner les tranches de bacon 10 minutes à 170 °C sur une plaque de four recouverte de papier cuisson.

2 Ouvrir les avocats en 2 puis couper 2 tranches épaisses en leur centre, dans la longueur, sans enlever la peau. Poser ces tranches d'avocat sur les tranches de pain, découper la mie autour (1) puis la retirer de façon à former un grand trou.

3 Faire revenir le pain à la poêle dans un filet d'huile d'olive puis insérer une tranche d'avocat sans peau au centre de chaque tranche de pain.

4 Casser un œuf au centre des tranches d'avocat (2), saler et poivrer. Répartir le cheddar râpé sur le pain puis laisser cuire 3 à 5 minutes en couvrant la poêle. Une fois le fromage fondu (3), émietter le bacon sorti du four et en parsemer les tartines avec de la ciboulette ciselée puis déguster (4).

ASTUCE CHEFCLUB
Écrasez le reste de l'avocat avec du citron pour faire un guacamole express et tartinez-le sur les ronds de mie de pain retirés. Ça vous fait une 2e tartine !

LA RECETTE EN VIDÉO

2

L'idée Chefclub

LES ÉLÉMENTS DE LA TARTINE IMBRIQUÉS LES UNS DANS LES AUTRES

3

4

LES MINI-BURGERS MONTAGNARDS

POUR L'APÉRO APRÈS LE SKI

9 PERSONNES

PRÉPARATION
30 minutes

CUISSON
20 minutes à l'eau
10 minutes à la poêle
15 minutes au four

INGRÉDIENTS
600 g de pommes de terre
200 g de lardons
1 oignon rouge
9 petits pains ronds
15 cl de crème fraîche
12 tranches de raclette
9 tranches de bacon
Persil

MATÉRIEL
1 plat allant au four
Papier cuisson

1 Éplucher les pommes de terre, les faire cuire dans de l'eau salée puis les couper en rondelles. Faire griller les lardons avec l'oignon émincé. Couper le haut des petits pains et tasser la mie dans la partie inférieure pour faire un trou.

2 Placer 1 cuillère à soupe de crème dans chaque pain, ajouter 1 rondelle de pomme de terre, répartir la moitié des lardons par-dessus (1). Remettre 1 rondelle de pomme de terre et recouvrir avec le reste de lardons. Déposer 1 tranche de raclette sur chaque pain (2).

3 Envelopper toutes les parties coupées des pains dans une tranche de bacon (3), les poser sur une plaque de four recouverte de papier cuisson puis les enfourner 15 minutes à 180 °C. Placer les petits pains fourrés dans le plat. Couper en 2 les tranches de raclette restantes et les déposer entre les pains. Enfourner 15 minutes à 180 °C. À la sortie du four, recouvrir les pains fourrés avec les pains au bacon, parsemer de persil ciselé (4) puis déguster.

ASTUCE CHEFCLUB
Taillez les rondelles de pommes de terre restantes en bâtonnets et faites-les frire dans une poêle avec de l'huile végétale pour accompagner vos burgers de frites express.

LA RECETTE EN VIDÉO

L'idée Chefclub

LE HAMBURGER REVISITÉ
EN VERSION SAVOYARDE

LE CHOU-FLEUR AU MONT-D'OR

LA FONDUE LA PLUS CHOU

4 PERSONNES

PRÉPARATION
15 minutes

CUISSON
10 minutes à l'eau
20 minutes au four

INGRÉDIENTS
1 chou-fleur
20 tranches de bacon
1 mont-d'or
1 gousse d'ail
10 cl de vin blanc
50 g de beurre
Persil
Sel et poivre

MATÉRIEL
1 plat à tarte
1 pinceau

1 Couper le chou-fleur en une vingtaine de morceaux (1), les cuire dans de l'eau bouillante salée et les plonger dans de l'eau glacée. Enrouler une tranche de bacon autour de chaque morceau (2-3).

2 Poser le mont-d'or sans couvercle au milieu du plat à tarte et l'entourer avec les morceaux de chou-fleur (4).

3 Couper le haut du mont-d'or (5), ajouter dedans l'ail haché, le vin blanc (6), du persil ciselé, du sel et du poivre puis repositionner le haut du mont-d'or (7). Badigeonner les morceaux de chou-fleur de beurre fondu (8) et enfourner 20 minutes à 180 °C.

4 À la sortie du four, retirer la croûte du mont-d'or et déguster en trempant le chou-fleur dans le fromage fondu (9).

ASTUCE CHEFCLUB

Variez la taille des morceaux de chou-fleur pour jouer sur les textures. Les plus gros seront moins cuits et donc plus croquants. Vous pouvez même tremper des morceaux de chou-fleur crus.

LA RECETTE EN VIDÉO

L'idée Chefclub

**DU CHOU-FLEUR
À TREMPER
DANS LE FROMAGE**

LA FONDUE DES LORDS

WINTER IS COMING...

12 PERSONNES

PRÉPARATION
30 minutes

CUISSON
50 minutes au four

INGRÉDIENTS
12 tranches de raclette
3 petits camemberts
4 petits reblochons
6 pâtes à pizza
1 kg de pommes de terre grenailles
Huile d'olive
Persil
Sel et poivre

1 Tailler les tranches de raclette en rond et les empiler. Couper la croûte supérieure d'un camembert et d'un reblochon (1). Enlever les croûtes supérieures et inférieures des autres camemberts et reblochons et les empiler sur ceux ayant toujours leur bas.

2 Envelopper chaque tour de fromages dans 2 pâtes à pizza (2). Poser les tours sur une plaque de four (3) puis disposer les pommes de terre tout autour. Verser dessus un filet d'huile d'olive, saler et poivrer.

3 Enfourner 50 minutes à 180 °C. À la sortie du four, couper le haut des pâtes cuites et parsemer les fromages fondus de persil ciselé. Déguster en trempant les pommes de terre dans le fromage (4).

ASTUCE CHEFCLUB
Dans les plus hautes tours, il se peut que le fromage ne soit pas complètement fondu en bas. Mangez le haut bien fondu puis repassez-les quelques minutes au four pour tout faire fondre.

LA RECETTE EN VIDÉO

2

L'idée Chefclub

UN POÊLON À FONDUE EN PÂTE À PIZZA

3

4

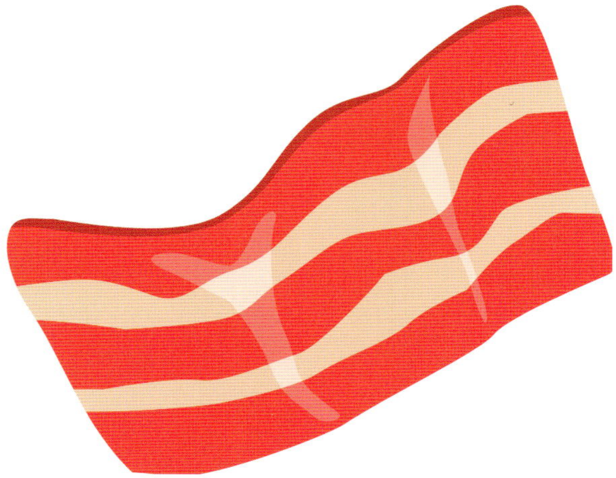

LE REPAS

AU COIN DU FEU

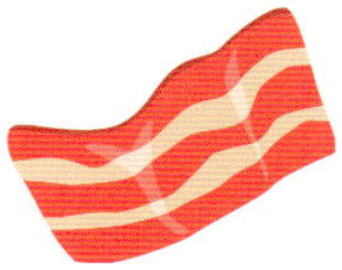

LA TARTÉTOILE AU CAMEMBERT

LE MEILLEUR EST DANS LA CROÛTE...

4 PERSONNES

PRÉPARATION

20 minutes

CUISSON

5 minutes de friture
10 minutes à la poêle
30 minutes au four

INGRÉDIENTS

1 camembert
150 g de farine
6 œufs
150 g de chapelure
1 pâte brisée
150 g de lardons
25 cl de lait
1 oignon rouge
Huile végétale
Persil
Sel et poivre

MATÉRIEL

Papier absorbant

1 Couper le camembert en 8 parts (1) puis les paner en les passant successivement dans la farine (2), 3 œufs battus et la chapelure. Paner une 2e fois pour consolider la panure (3) puis faire frire les morceaux et bien les égoutter sur du papier absorbant. Laisser refroidir.

2 Disposer les parts de camembert en cercle sur la pâte brisée, la pointe vers l'extérieur puis replier les bords de la pâte vers l'intérieur entre chaque morceau pour former une étoile (4).

3 Faire griller les lardons. Battre ensemble les œufs restants et le lait (5) puis ajouter l'oignon émincé, les lardons, du persil ciselé, du sel et du poivre (6). Verser ce mélange dans la tarte au milieu des morceaux de fromage (7) puis enfourner 30 minutes à 180 °C. À la sortie du four (8), couper en parts puis déguster (9).

ASTUCE CHEFCLUB

Pour avoir une pâte solide, vous pouvez utiliser 2 pâtes l'une sur l'autre. Et pour la plier plus facilement contre les bords du fromage, agrandissez-la en passant un rouleau à pâtisserie dessus.

LA RECETTE EN VIDÉO

L'idée Chefclub

UNE CROÛTE DE QUICHE EN CAMEMBERT PANÉ

LA TARTE HYPNOTIQUE BACON-POIREAUX

AIE CONFIAAANCE, CROIS EN MOOOIII, MANGE CETTE TAAARTE

6 PERSONNES

PRÉPARATION
15 minutes

CUISSON
35 minutes au four
10 minutes à la poêle

REPOS
30 minutes au congélateur

INGRÉDIENTS
3 pâtes feuilletées
2 poireaux
150 g de mozzarella râpée
18 tranches de bacon
Huile d'olive

MATÉRIEL
1 plat à tarte
Pois secs (ou riz)

1 Placer 1 pâte feuilletée dans le plat à tarte, la piquer à la fourchette, déposer des pois secs dessus puis enfourner 10 minutes à 180 °C.

2 Émincer les poireaux et les faire fondre à la poêle dans un filet d'huile d'olive. Sortir la tarte du four et retirer les pois. Déposer les poireaux dans la tarte et les recouvrir de mozzarella râpée (1).

3 Déposer 9 tranches de bacon sur chacune des 2 pâtes restantes puis les rouler finement (2). Placer les rouleaux 30 minutes au congélateur. À la sortie du congélateur, couper les rouleaux en rondelles et les disposer sur la tarte (3). Enfourner 25 minutes à 180 °C (4), couper en parts puis déguster.

ASTUCE CHEFCLUB

Pour bien refermer les rouleaux de pâtes, vous pouvez utiliser un peu d'eau qui fera office de colle sur la pâte feuilletée.

LA RECETTE EN VIDÉO

2

L'idée Chefclub

DES ROULEAUX FEUILLETÉS CROUSTILLANTS POUR RECOUVRIR UNE TARTE

3

4

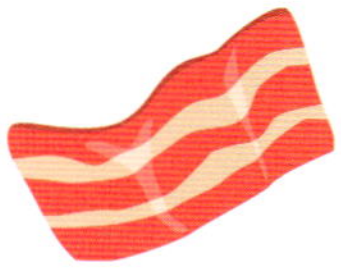

LA BUTTERFLETTE

LA COURGE QUI SE PREND POUR UNE TARTIFLETTE

6 PERSONNES

PRÉPARATION
25 minutes

CUISSON
1 heure 05 au four

INGRÉDIENTS
1 courge butternut
2 oignons rouges
25 cl de vin blanc
1 reblochon
150 g de lardons
Persil
Sel et poivre

MATÉRIEL
1 plat allant au four

1 Couper la courge en 2 dans la hauteur, la peler au couteau et retirer les graines. Poser les 2 moitiés sur la face plane (1) et les entailler à intervalles réguliers dans la largeur (2).

2 Placer la courge dans le plat, ajouter les oignons émincés autour, verser le vin blanc (3), saler, poivrer et enfourner 45 minutes à 180 °C.

3 Couper le reblochon en dés et le disposer autour de la courge sortie du four, ajouter les lardons et enfourner à nouveau 20 minutes à 180 °C. À la sortie du four, parsemer de persil ciselé et déguster (4).

ASTUCE CHEFCLUB
Ne jetez pas les graines de courge ! Lavez-les puis faites-les griller au four environ 15 minutes à 160 °C en les remuant toutes les 5 minutes. Salez et dégustez-les à l'apéro !

LA RECETTE EN VIDÉO

2

L'idée Chefclub

LA BUTTERNUT REMPLACE LA POMME DE TERRE DE LA TARTIFLETTE

3

4

LE CROQUE-CAMEMBERT

DES MESSIEURS À PARTAGER

8 PERSONNES

PRÉPARATION
20 minutes

CUISSON
15 minutes au four

INGRÉDIENTS
24 tranches de pain de mie
30 cl de béchamel
300 g de mozzarella râpée
6 tranches de jambon
1 camembert
15 g de beurre
Persil

MATÉRIEL
2 plaques de four
1 pinceau

1 Disposer 12 tranches de pain de mie en un grand rectangle sur 1 plaque. Bien les aplatir en appuyant dessus avec la 2e plaque.

2 Étaler la moitié de la béchamel sur le grand rectangle de pain de mie. Recouvrir avec la moitié de la mozzarella puis ajouter les tranches de jambon (1). Verser le reste de béchamel (2) et parsemer avec le reste de mozzarella. Recouvrir avec les tranches de pain de mie restantes et aplatir à nouveau avec la 2e plaque.

3 Utiliser le couvercle de la boîte de camembert pour retirer un disque de croque-monsieur au milieu de la plaque (3) et placer le camembert dedans. Badigeonner le pain de mie de beurre fondu à l'aide du pinceau puis enfourner 15 minutes à 180 °C.

4 À la sortie du four, découper la croûte du camembert, parsemer du persil ciselé dedans (4) et déguster en trempant les croque-monsieur dans le camembert.

ASTUCE CHEFCLUB
N'oubliez pas d'enfourner le disque de croque-monsieur retiré avec la plaque ! Il n'y a aucune raison de le gaspiller !

LA RECETTE EN VIDÉO

2

L'idée Chefclub

UN CROQUE-MONSIEUR GÉANT AU CŒUR COULANT

3

4

LE CHOUBURGER

UNE RECETTE BÊTE COMME CHOU

2 PERSONNES

PRÉPARATION
30 minutes

CUISSON
10 minutes à l'eau
15 minutes à la poêle
10 minutes au four
5 minutes de friture

INGRÉDIENTS
4 grandes feuilles de chou
1 oignon
300 g de bœuf haché
25 cl de sauce tomate
1 grand Babybel®
100 g de farine
2 œufs
100 g de chapelure
Huile d'olive
Huile végétale
Origan

MATÉRIEL
4 bols
Papier cuisson

1 Faire cuire les feuilles de chou dans de l'eau bouillante salée (1), puis les plonger dans de l'eau glacée et les laisser refroidir avant de les égoutter.

2 Faire dorer l'oignon émincé à la poêle dans un filet d'huile d'olive puis ajouter le bœuf haché. Quand la viande est cuite, verser la sauce tomate puis parsemer d'origan (2).

3 Placer 1 feuille de chou dans chaque bol (3) et répartir le bœuf cuit au milieu de chacune. Refermer les feuilles sur la viande (4) puis retourner les bols sur une plaque de four recouverte de papier cuisson pour démouler les choux farcis (5). Enfourner 10 minutes à 180 °C.

4 Couper le grand Babybel® en 2 dans l'épaisseur. Paner les 2 moitiés en les passant successivement dans la farine, les œufs battus et la chapelure 2 fois de suite (6) puis les faire frire. Assembler les 2 burgers en plaçant 1 demi-Babybel® entre 2 dômes de chou farci (7-8) puis déguster (9).

ASTUCE CHEFCLUB
Réalisez une soupe avec le reste du chou. Coupez-le en morceaux et faites-le fondre dans un peu d'huile. Ajoutez 1,5 L de bouillon, 2 pommes de terre et 2 carottes coupées en morceaux. Laissez cuire 50 minutes, mixez puis dégustez !

LA RECETTE EN VIDÉO

L'idée Chefclub

DES BUNS DE BURGER EN CHOU FARCI

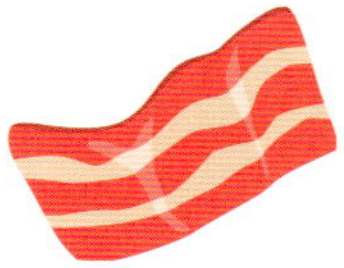

LA TERRINE DE PATATES DOUCES

UNE OMELETTE PLEINE DE DOUCEUR, ET **LIGHT & FUN !**

4 PERSONNES

PRÉPARATION
20 minutes

CUISSON
45 minutes au four

INGRÉDIENTS
3 patates douces
6 œufs
4 tranches de jambon
200 g de pousses d'épinards
Persil
Sel et poivre

MATÉRIEL
1 mandoline
(ou 1 épluche-légumes)
1 plat à terrine
Papier cuisson

1 Couper les patates douces en fines lamelles dans la longueur à l'aide de la mandoline, les disposer sur une plaque de four recouverte de papier cuisson, saler et enfourner 15 minutes à 170 °C.

2 Battre les œufs avec du persil ciselé, du sel et du poivre. À la sortie du four, tapisser le plat à terrine avec les lamelles de patates douces en les laissant dépasser sur les côtés (1). Placer 2 tranches de jambon au fond du plat (2), la moitié des épinards puis verser la moitié des œufs battus.

3 Ajouter par-dessus des lamelles de patates douces puis remettre du jambon, le reste des épinards et les œufs restants. Rabattre les lamelles de patates douces pour refermer la terrine (3) et enfourner 30 minutes à 170 °C. À la sortie du four, démouler puis déguster (4).

ASTUCE CHEFCLUB
Pour des tranches de patates douces encore plus fondantes, vous pouvez leur verser dessus un filet d'huile d'olive avant de les passer au four. Et, en plus, c'est du bon gras !

LA RECETTE EN VIDÉO

2

L'idée Chefclub

DES LAMELLES DE PATATE DOUCE POUR ENVELOPPER UNE OMELETTE

3

4

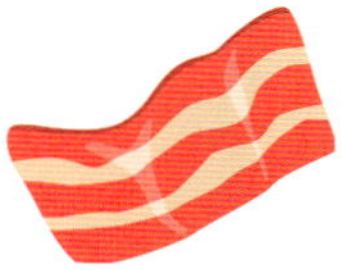

LA TORTILLA SAVOYARDE

ET SON CŒUR DE REBLOCHON COULANT

4 PERSONNES

PRÉPARATION
15 minutes

CUISSON
20 minutes à la poêle

INGRÉDIENTS
600 g de pommes de terre
1 oignon
8 œufs
1 petit reblochon
Huile d'olive
Persil
Sel et poivre

1 **Préparation de la tortilla :**
Couper en dés les pommes de terre (1), émincer l'oignon puis les faire revenir 5 minutes dans un filet d'huile d'olive (2). Battre les œufs et ajouter du sel, du poivre, du persil ciselé, les cubes de pommes de terre et les oignons cuits (3).

2 Verser la moitié du mélange dans une poêle, laisser cuire 3 minutes puis placer le reblochon au milieu (4). Recouvrir avec le reste du mélange (5). Laisser cuire 7 minutes puis retourner la tortilla à l'aide d'une assiette (6-7) et cuire 5 minutes l'autre côté. Couper en parts (8) puis déguster (9).

ASTUCE CHEFCLUB
Pour obtenir des dés de pomme de terre réguliers, pelez-la puis coupez-la en lamelles en les laissant attachées entre elles à une extrémité. Tournez la pomme de terre à 90° puis taillez les lamelles en bâtonnets. Taillez maintenant les bâtonnets en dés jusqu'au talon où ils sont attachés.

LA RECETTE EN VIDÉO

L'idée Chefclub

UN REBLOCHON ENTIER DANS LA TORTILLA

LE TOURBILLON SAUMON-POIREAUX

IL EMPORTE TOUT SUR SON PASSAGE

4 PERSONNES

PRÉPARATION
30 minutes

CUISSON
10 minutes à l'eau
25 minutes au four

INGRÉDIENTS
250 g de farine
5 cl d'huile d'olive
5 blancs de poireaux
6 tranches de saumon fumé
2 œufs
15 cl de crème liquide
1 jaune d'œuf
Aneth
Sel et poivre

MATÉRIEL
1 plat à tarte

1 Mélanger la farine, l'huile d'olive, 5 cl d'eau chaude et des brins d'aneth (1) afin d'obtenir une boule de pâte (2). Étaler cette pâte dans le plat à tarte. Cuire les blancs de poireaux dans de l'eau bouillante salée (3), les égoutter puis les couper en 2 dans le sens de la longueur. Séparer les couches des poireaux en lamelles (4).

2 Couper les tranches de saumon en bandes de la même taille que les lamelles de poireaux. Disposer des lamelles de poireaux contre le rebord de la tarte (5). Placer une couche de lamelles de saumon contre les poireaux (6). Recommencer en alternant poireaux et saumon jusqu'à remplir la tarte.

3 Mélanger les œufs et la crème liquide, puis verser le mélange dans le moule (7). Saler et poivrer (8) puis enfourner 20 minutes à 180 °C. À la sortie du four, ajouter le jaune d'œuf au centre de la tarte puis enfourner de nouveau 5 minutes à 180 °C. Déguster chaud (9).

ASTUCE CHEFCLUB
Il ne faut pas faire cuire les poireaux trop longtemps afin d'éviter qu'ils ne deviennent mous. Ils seront plus simples à couper et à disposer s'ils restent un peu rigides. 10 minutes devraient être optimales mais vous pouvez vérifier pendant la cuisson à l'aide d'un couteau pointu : il doit s'enfoncer facilement dans le poireau sans pour autant le déformer.

LA RECETTE EN VIDÉO

L'idée Chefclub

LE POIREAU PELÉ POUR FORMER DE FINES LAMELLES FONDANTES

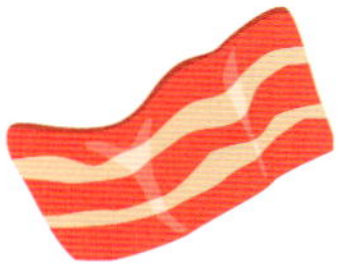

LE GÂTEAU DE PÂTES ALPHABET

DÉLICIEUX DE A À Z

6 PERSONNES

PRÉPARATION
20 minutes

CUISSON
15 minutes à l'eau
25 minutes au four

INGRÉDIENTS
500 g de pâtes alphabet
20 g de beurre
2 œufs
30 g de parmesan râpé
25 cl de crème fraîche
50 g d'emmental râpé
2 tranches de jambon
Huile végétale
Ciboulette

MATÉRIEL
1 moule à charnière
1 saladier
1 bol
Film alimentaire

1 Faire cuire les pâtes dans de l'eau bouillante salée, les égoutter puis les mélanger avec le beurre, un œuf et le parmesan râpé. Placer les pâtes dans le moule puis enfoncer dedans le saladier pour former un creux au centre (1). Enfourner 25 minutes à 180 °C.

2 À la sortie du four, démouler le gâteau de pâtes et verser dedans la crème fraîche. Ajouter l'emmental râpé et bien mélanger à la crème (2). Déposer des morceaux de jambon par-dessus.

3 Placer du film alimentaire dans le bol, le badigeonner d'huile et casser l'œuf restant dedans. Fermer le film alimentaire et faire cuire ce paquet 5 minutes dans de l'eau bouillante (3). Retirer le film alimentaire et placer l'œuf sur le gâteau de pâtes. Parsemer de ciboulette ciselée puis déguster (4).

ASTUCE CHEFCLUB

Il faut verser la crème et l'emmental dès que le gâteau sort du four pour que le fromage puisse fondre. Vous pouvez aussi faire chauffer la crème et le fromage à la casserole au préalable et verser le mélange dans le gâteau.

LA RECETTE EN VIDÉO

L'idée Chefclub

UN GÂTEAU SALÉ À BASE DE PÂTES

LE MONT PURÉE

ATTENTION À L'AVALANCHE DE FROMAGE

6 PERSONNES

PRÉPARATION
20 minutes

CUISSON
10 minutes à la poêle
20 minutes à l'eau
15 minutes au four

INGRÉDIENTS
200 g d'allumettes de lardons
1,2 kg de pommes de terre
30 g de beurre
100 g de farine
1 œuf
1 reblochon
Persil
Persillade
Sel et poivre

MATÉRIEL
1 saladier
1 louche
Papier cuisson

1 Faire griller les lardons. Peler les pommes de terre, les cuire dans de l'eau salée et les écraser en purée dans le saladier. Ajouter les lardons, le beurre, la farine, l'œuf, du persil ciselé, du sel et du poivre (1) puis mélanger.

2 Retourner le saladier sur une plaque de four recouverte de papier cuisson pour le démouler. Former un creux à l'aide de la louche au sommet du dôme de purée (2).

3 Couper le reblochon en morceaux et les placer dans le creux (3). Enfourner 15 minutes à 180 °C. À la sortie du four, parsemer de persillade puis couper des parts de purée pour laisser couler le fromage (4) !

ASTUCE CHEFCLUB
Si vous faites vous-même une persillade fraîche avec du persil et de l'ail, vous pouvez la garder plusieurs jours en la mélangeant à de la chapelure. Le pain absorbe l'humidité et favorise ainsi la conservation.

LA RECETTE EN VIDÉO

L'idée Chefclub

UN DÔME DE PURÉE
QUI LAISSE S'ÉCHAPPER
DU FROMAGE COULANT

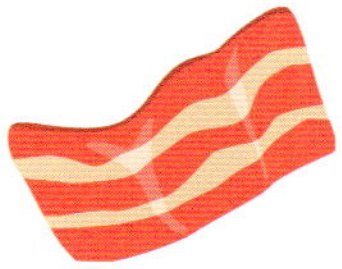

LA TERRINE SAUMON-POIREAUX

ET SON CŒUR FONDANT

6 PERSONNES

PRÉPARATION
15 minutes

CUISSON
35 minutes au four

INGRÉDIENTS
12 tranches de saumon fumé
3 poireaux
2 bûches de fromage de chèvre
5 œufs
40 cl de crème liquide
Persil
Sel et poivre

MATÉRIEL
1 plat à terrine

1 Tapisser le plat à terrine avec les tranches de saumon en les laissant dépasser sur les côtés (1). Émincer les poireaux et les placer dans le plat. Déposer dessus les 2 bûches de chèvre, alignées dans la longueur (2).

2 Mélanger les œufs, la crème liquide, du sel et du poivre et verser ce mélange dans le plat. Rabattre les tranches de saumon sur la terrine (3) puis enfourner 35 minutes à 160 °C. Retourner pour démouler, parsemer de persil, couper en parts puis déguster (4).

ASTUCE CHEFCLUB
Pour que la quiche ne déborde pas du saumon, évitez de remplir le plat à ras bord. Fermez-la avec des tranches supplémentaires si celles qui dépassent ne suffisent pas.

LA RECETTE EN VIDÉO

L'idée Chefclub

DES BÛCHES DE CHÈVRE ENTIÈRES AU CŒUR DE LA TERRINE

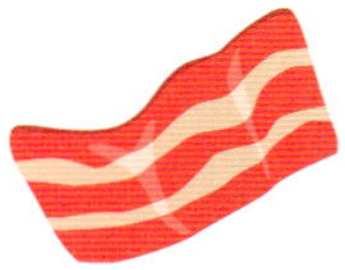

L'AUMÔNIÈRE ÉPINARDS

LES CRÊPES SE METTENT AU VERT

6 PERSONNES

PRÉPARATION
15 minutes

CUISSON
20 minutes à la poêle
10 minutes au four

INGRÉDIENTS
150 g de lardons
350 g d'épinards
25 g de beurre
10 œufs
50 cl de lait
250 g de farine
100 g de ricotta

MATÉRIEL
1 mixeur
1 moule à muffins
6 cure-dents

1 Faire griller les lardons. Faire fondre les épinards à la poêle dans le beurre (1-2) puis les placer dans le mixeur avec 4 œufs, le lait et la farine pour obtenir une pâte à crêpes (3).

2 Faire cuire 6 crêpes (4) puis les placer dans les compartiments du moule à muffins (5). Répartir la ricotta, les œufs restants et les lardons grillés dans les compartiments tapissés de crêpes (6) puis refermer les crêpes en aumônières à l'aide des cure-dents (7). Enfourner 10 minutes à 150 °C puis déguster (8-9).

ASTUCE CHEFCLUB
Pour avoir des crêpes rouges et non vertes, remplacez les épinards par 1 betterave cuite.

LA RECETTE EN VIDÉO

L'idée Chefclub

UNE PÂTE À CRÊPES VERTE AUX ÉPINARDS

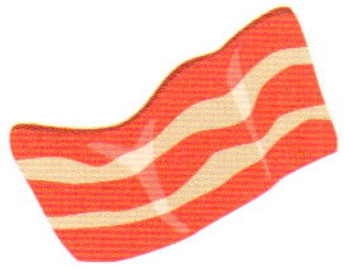

LA CARBOMEMBERT

LES SPAGHETTI FONT UN TOUR EN NORMANDIE

6 PERSONNES

PRÉPARATION
20 minutes

CUISSON
10 minutes à l'eau
10 minutes à la poêle
15 minutes au four

INGRÉDIENTS
500 g de spaghetti
25 cl de crème fraîche
200 g de lardons
1 oignon
1 œuf
3 camemberts
Persil

MATÉRIEL
1 plat à tarte

1 Faire cuire les spaghetti dans de l'eau bouillante salée, les égoutter puis y ajouter la crème (1).

2 Faire revenir les lardons avec l'oignon émincé et les mélanger aux pâtes quand ils sont bien colorés puis ajouter l'œuf.

3 Placer le mélange dans le plat et disposer dedans les 3 camemberts (2). Enfourner 15 minutes à 180 °C.

4 À la sortie du four, retirer les croûtes supérieures des camemberts, parsemer de persil ciselé puis déguster en trempant les pâtes dans le fromage fondu (3-4).

ASTUCE CHEFCLUB
Ne jetez pas les croûtes des camemberts ! Laissez-les sécher et conservez-les au congélateur. Vous pourrez ensuite les utiliser pour aromatiser des soupes, soit en petites bandes soit mixées.

LA RECETTE EN VIDÉO

L'idée Chefclub

DES PÂTES PLONGÉES DANS LE CAMEMBERT FONDU

LA FLAMMEKUECHE-RACLETTE

CHACUN PRÉPARE LA SIENNE

4 PERSONNES

PRÉPARATION
20 minutes

CUISSON
5 minutes par poêlon

REPOS
45 minutes à température ambiante

INGRÉDIENTS
400 g de farine
1 sachet de levure de boulanger
1 oignon
2 tranches de saumon fumé
10 tomates cerises
1 bûche de fromage de chèvre
100 g de lardons
100 g de bœuf haché
100 g d'emmental râpé
50 g de feta
20 cl de crème fraîche
Miel

MATÉRIEL
1 appareil à raclette
4 poêlons

1 Mélanger la farine et la levure avec 15 cl d'eau pour former une pâte à pizza (1) et la laisser lever 45 minutes. Préparer les ingrédients pour composer les flammekueches : émincer l'oignon, couper les tranches de saumon fumé en morceaux et les tomates cerises et la bûche de chèvre en rondelles, faire griller les lardons et le bœuf haché.

2 Quand la pâte est bien levée, la découper en petits triangles de la taille des poêlons de l'appareil à raclette (2) puis en placer 4 dans ces poêlons (3). Étaler de la crème fraîche sur 3 d'entre eux (4) et ajouter de l'oignon et du saumon sur l'un, de l'oignon, des lardons et de l'emmental sur l'autre. Placer des rondelles de tomates cerises, du bœuf haché et de la feta sur celui sans crème (5). Déposer des rondelles de fromage de chèvre avec du miel sur le dernier (6).

3 Faire cuire les poêlons à l'appareil à raclette (7) et recommencer jusqu'à utiliser toute la pâte (8-9).

ASTUCE CHEFCLUB
Cuisinez le dessert de la même manière en mettant de la pâte à tartiner et des fruits sur la pâte. À vous de créer les vôtres !

LA RECETTE EN VIDÉO

L'idée Chefclub

DES MINI-FLAMMEKUECHES MAISON CUITES À L'APPAREIL À RACLETTE

LES SAMOSSAUMONS

CROUSTILLANTS ET **LIGHT & FUN**

4 PERSONNES

PRÉPARATION
20 minutes

CUISSON
15 minutes à la poêle
15 minutes au four

INGRÉDIENTS
1 poireau
300 g de saumon
8 feuilles de brick
4 citrons
Huile d'olive
Aneth
Sel et poivre

MATÉRIEL
1 pinceau
1 plat à tarte

1 Faire revenir le poireau émincé avec le saumon coupé en dés, du sel, du poivre et un demi-verre d'eau (1).

2 Superposer les feuilles de brick 2 par 2. Couper une bande de 5 cm de large au milieu de chaque superposition (2) et les badigeonner d'huile d'olive à l'aide du pinceau.

3 Déposer un quart du mélange saumon-poireau sur un coin d'une bande et la plier en samosa (3-5 et Astuce Chefclub). Recommencer avec les 3 autres bandes.

4 Déposer les 4 samosas dans le plat à tarte (6), découper les citrons en rondelles et les disposer autour des samosas. Rouler sur elle-même les chutes de feuilles de brick de façon à former une rose et la poser au milieu des samosas (7). Enfourner 15 minutes à 180 °C. À la sortie du four, parsemer d'aneth puis déguster (8-9).

ASTUCE CHEFCLUB

Pour le pliage du samosa, posez du saumon au coin de la bande de brick et pliez le chausson en triangle. Pour le fixer, passez l'extrémité à l'intérieur du chausson.

LA RECETTE EN VIDÉO

L'idée Chefclub

UNE COURONNE DE CITRONS ASSAISONNE JOLIMENT LES SAMOSAS

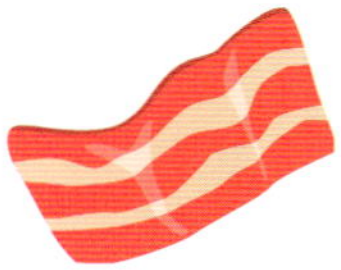

LA GALETTIFLETTE

CHAUUUUUD DEVANT !

2 PERSONNES

PRÉPARATION
20 minutes

CUISSON
20 minutes à l'eau
20 minutes à la poêle

INGRÉDIENTS
75 g de lardons
1 pomme de terre
1 pâte à pizza
10 cl de crème fraîche
1/2 reblochon
50 g d'emmental râpé
1 œuf
Ciboulette

1 Faire griller les lardons. Éplucher la pomme de terre et la faire cuire dans de l'eau salée.

2 Placer la pâte à pizza dans une poêle sur feu moyen 3 minutes puis la retourner et la tartiner de crème fraîche. Ajouter les lardons grillés sur la crème fraîche. Ajouter 3 grandes tranches de reblochon (1). Couper 4 rondelles de pomme de terre et les déposer par-dessus (2). Parsemer le tout d'emmental râpé.

3 Rabattre les bords de la pâte à pizza pour qu'elle forme un carré (3). Ajouter un œuf au milieu et laisser cuire 4 minutes à feu vif recouvert d'un couvercle. Parsemer de ciboulette ciselée puis déguster (4).

ASTUCE CHEFCLUB

La cuisson finale avec le couvercle est essentielle pour cuire l'œuf mais surtout pour terminer la cuisson de la pâte à pizza. En couvrant la poêle, on fait un effet « four ». Même si vous ne souhaitez pas mettre l'œuf, il faut conserver cette étape.

LA RECETTE EN VIDÉO

L'idée Chefclub

UNE PÂTE À PIZZA CUISINÉE COMME UNE GALETTE À LA POÊLE

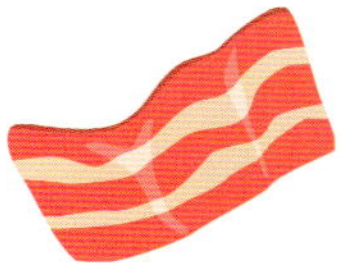

LA VALLÉE DE POMMES DE TERRE

ELLES ONT QUELQUE CHOSE À CACHER

4 PERSONNES

PRÉPARATION
20 minutes

CUISSON
1 heure 05 au four

INGRÉDIENTS
9 pommes de terre
400 g de bœuf haché
1 oignon
18 billes de mozzarella
25 cl de béchamel
150 g de mozzarella râpée
Huile d'olive
Persil
Sel

MATÉRIEL
1 plat à tarte
Papier cuisson

1 Déposer les pommes de terre sur une plaque de four recouverte de papier cuisson avec un filet d'huile d'olive par-dessus puis enfourner 40 minutes à 170 °C. À la sortie du four, couper les pommes de terre en 2 dans la largeur puis en retirer la chair (1). Écraser cette chair avec du persil ciselé et du sel puis l'étaler dans le plat à tarte.

2 Mélanger le bœuf haché avec l'oignon émincé, du persil ciselé et du sel puis former des boulettes de viande autour de chaque bille de mozzarella (2). Placer chaque boulette dans les demi-pommes de terre vidées.

3 Disposer toutes les pommes de terre sur la purée, la viande vers le bas (3). Verser la béchamel par-dessus et parsemer de mozzarella râpée. Enfourner 25 minutes à 180 °C, parsemer de persil ciselé puis déguster (4).

ASTUCE CHEFCLUB
Rendez vos boulettes de viande plus croustillantes en les faisant revenir à la poêle 10 minutes avant de les placer dans les pommes de terre. Il suffit ensuite d'une dizaine de minutes au four.

LA RECETTE EN VIDÉO

2

L'idée Chefclub

UN HACHIS PARMENTIER RESTRUCTURÉ AUX TEXTURES DIFFÉRENTES

3

4

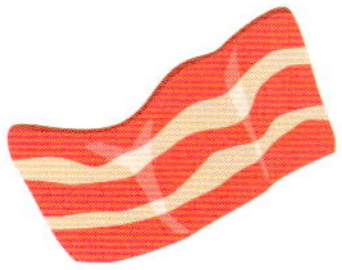

LES COQUILLETTES TOUT EN UN

SERVIES DANS UN VERRE DE BACON

3 PERSONNES

PRÉPARATION
15 minutes

CUISSON
23 minutes au four
10 minutes à la casserole

INGRÉDIENTS
30 tranches de bacon
400 g de coquillettes
30 cl de crème liquide
150 g de parmesan râpé
1 cube de bouillon de volaille
3 jaunes d'œufs
Persil

MATÉRIEL
3 verres
Papier cuisson

1 Recouvrir chaque verre avec 10 tranches de bacon (1) et enfourner 20 minutes à 180 °C sur une plaque de four recouverte de papier cuisson (2).

2 Faire cuire les coquillettes avec la crème liquide, 1 verre d'eau, le parmesan râpé, le cube de bouillon de volaille et du persil ciselé jusqu'à ce que tout le liquide soit absorbé.

3 Démouler les verres de bacon puis les remplir avec les coquillettes. Déposer un jaune d'œuf au centre de chaque verre de bacon puis enfourner de nouveau 3 minutes à 180 °C (3). Déguster chaud (4).

ASTUCE CHEFCLUB
Pour apporter un goût un peu plus marqué à vos pâtes, vous pouvez les faire légèrement colorer dans la casserole avant d'ajouter les ingrédients liquides, comme pour un risotto.

LA RECETTE EN VIDÉO

L’idée Chefclub

UN RÉCIPIENT EN BACON POUR SERVIR LES PÂTES

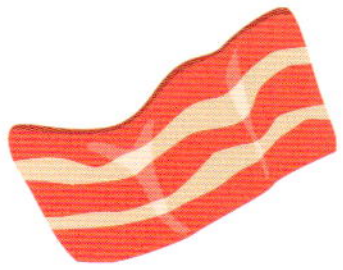

LA TOURTESCHUSS

À DÉGUSTER EN VITESSE AVANT LA FIN DE L'HIVER

4 PERSONNES

PRÉPARATION
30 minutes

CUISSON
30 minutes au four

INGRÉDIENTS
15 cl de crème fraîche
3 œufs
100 g de comté râpé
2 poireaux
1 reblochon
5 tranches de jambon
1 pâte brisée
Sel et poivre

MATÉRIEL
1 plat à tarte rectangulaire long

1 Mélanger la crème fraîche avec les œufs, les trois quarts du comté râpé, du sel et du poivre.

2 Couper les blancs de poireaux en 2 dans la longueur (1) puis chaque moitié encore en 3 dans la longueur. Couper ensuite le reblochon en tranches et les tranches de jambon en 2.

3 Placer la pâte brisée dans le plat et couper les chutes (à conserver). Disposer dessus les morceaux de poireaux en les alternant avec les tranches de reblochon et les demi-tranches de jambon (2-3).

4 Verser ensuite la préparation aux œufs dans le plat et parsemer dessus le reste de comté râpé. Découper des bandes dans les chutes de pâte brisée et les disposer en croisillons sur la tarte. Enfourner 30 minutes à 180 °C et déguster (4).

ASTUCE CHEFCLUB
Surtout ne jetez pas le vert des poireaux ! C'est là que se concentrent le plus de nutriments. Cuisinez-le en soupe avec des pommes de terre, dans une quiche ou avec une omelette.

LA RECETTE EN VIDÉO

L'idée Chefclub

**UN ACCORD POIREAU
ET REBLOCHON BIEN RANGÉ
DANS UNE TARTE**

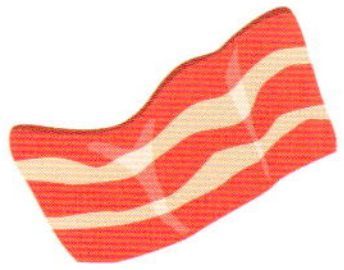

LA POMME DE TERRE SURPRISE

QUE CACHE-T-ELLE SOUS SON CAPUCHON GRILLÉ ?

6 PERSONNES

PRÉPARATION
20 minutes

CUISSON
35 minutes au four

INGRÉDIENTS
6 grosses pommes de terre
50 g de beurre
4 tranches de jambon
8 tranches d'emmental
15 cl de crème fraîche
60 g de mozzarella râpée
Ciboulette
Sel et poivre

MATÉRIEL
1 moule à muffins
1 pinceau
1 petit verre (type verre à digestif)

1 Couper une des extrémités de chaque pomme de terre. Déposer les pommes de terre sur la partie coupée dans le moule à muffins (1), les badigeonner de beurre fondu (2) et enfourner 25 minutes à 180 °C.

2 Étaler une tranche de jambon et déposer dessus, côte à côte, 2 tranches d'emmental. Poser par-dessus une tranche de jambon et recommencer jusqu'à épuiser le jambon et le fromage. Avec le petit verre, découper 6 cylindres de jambon et de fromage (3). Mélanger la crème fraîche avec de la ciboulette ciselée, du sel et du poivre (4).

3 À l'aide d'une cuillère, retirer le haut des pommes de terre cuites et creuser l'intérieur (5). Déposer de la crème fraîche dans le trou puis un cylindre de jambon et de fromage (6). Bien enfoncer et recouvrir de mozzarella (7). Enfourner 10 minutes à 180 °C (8) puis déguster (9).

ASTUCE CHEFCLUB
Cuisez les restes de pommes de terre à l'eau puis mélangez-les aux chutes de jambon et de fromage et au reste de crème à la ciboulette pour faire une petite purée savoureuse et ne pas gaspiller inutilement !

LA RECETTE EN VIDÉO

L'idée Chefclub

DES POMMES DE TERRE CUITES ET FARCIES GRÂCE AU MOULE À MUFFINS

LE BOL DE NUGGET

ON MANGE MÊME LA VAISSELLE !

4 PERSONNES

PRÉPARATION
30 minutes

CUISSON
10 minutes au four
10 minutes de friture

REPOS
3 heures au congélateur

INGRÉDIENTS
4 tranches de bacon
2 blancs de poulet
200 g de farine
4 œufs
200 g de chapelure
200 g de cheddar râpé
25 cl de crème liquide
Huile végétale
Sauce barbecue
Persil
Sel et poivre

MATÉRIEL
1 mixeur
5 bols
Papier cuisson

1 Déposer les tranches de bacon sur une plaque de four recouverte de papier cuisson puis enfourner 10 minutes à 180 °C.

2 Hacher les blancs de poulet au mixeur, saler et poivrer (1) puis répartir dans 4 bols (2). Enfoncer le dernier bol dans chacun des bols de poulet pour que la viande en épouse la forme (3). Placer 3 heures au congélateur.

3 À la sortie du congélateur, démouler les bols de poulet et les paner en les passant successivement dans la farine (4), les œufs battus et la chapelure. Faire frire les bols de poulet (5).

4 Faire fondre le cheddar dans la crème liquide (6) puis le verser dans les bols de poulet (7). Placer les tranches de bacon cuites dedans (8), ajouter de la sauce barbecue, parsemer de persil ciselé puis déguster (9).

ASTUCE CHEFCLUB
Pour hacher facilement la viande avec un mixeur, coupez-la en petits dés, placez-la au congélateur pendant 20 à 30 minutes puis passez-la au mixeur. La faire durcir au congélateur évitera qu'elle ne colle aux lames.

LA RECETTE EN VIDÉO

L'idée Chefclub

LE NUGGET EN FORME DE BOL QUI ACCUEILLE LE FROMAGE

LE CROQUE-POIREAUX

PLUS CROUSTILLANT QUE MONSIEUR

4 PERSONNES

PRÉPARATION
20 minutes

CUISSON
20 minutes à la poêle
10 minutes au four

INGRÉDIENTS
1 poireau
1 oignon
2 gousses d'ail
600 g de pommes de terre
1 œuf
50 g de parmesan
50 g de graines de courge
1 c. à c. de Maïzena®
2 tranches de jambon
150 g de mozzarella râpée
Paprika
Huile d'olive

MATÉRIEL
1 râpe
Papier cuisson

1 Faire cuire à la poêle le poireau et l'oignon émincés avec l'ail haché, du paprika et un filet d'huile d'olive (1). Peler puis râper les pommes de terre (2). Quand les poireaux, l'ail et l'oignon sont cuits, les mélanger à la pomme de terre râpée et ajouter l'œuf, le parmesan, les graines de courge et la Maïzena® (3-4).

2 Former 4 carrés de ce mélange dans la poêle avec un filet d'huile d'olive (5), ajouter dessus une demi-tranche de jambon et de la mozzarella râpée (6). Recouvrir chaque croque avec un autre carré de mélange et faire griller des 2 côtés.

3 Poser les croque-poireaux sur une plaque de four recouverte de papier cuisson, enfourner 10 minutes à 180 °C (7) puis déguster (8-9).

ASTUCE CHEFCLUB

Pour qu'elles soient encore plus parfumées, vous pouvez torréfier les graines de courge avant de les ajouter au mélange. Vous pouvez aussi les faire griller avec des épices comme du cumin ou du piment pour augmenter leur saveur.

LA RECETTE EN VIDÉO

L'idée Chefclub

UN CROQUE-MONSIEUR AVEC UN PAIN EN POMME DE TERRE ET POIREAU

LES DÔMES 3 FROMAGES

LA PURÉE VOUS RÉSERVE DES SURPRISES

3 PERSONNES

PRÉPARATION
20 minutes

CUISSON
20 minutes à l'eau
10 minutes au four

INGRÉDIENTS
900 g de pommes de terre
20 g de beurre
150 g de farine
4 œufs
4 tranches de reblochon
4 tranches de raclette
3 tranches de mozzarella
Persil
Sel et poivre

MATÉRIEL
3 bols
Papier cuisson

1 Peler les pommes de terre, les cuire dans de l'eau salée, les égoutter puis les écraser en purée. Incorporer le beurre fondu, la farine, 1 œuf, du sel et du poivre à la purée (1).

2 Répartir la moitié de la purée dans les bols et creuser un trou au centre. Casser un œuf dans chaque trou (2) et les recouvrir avec le reste de purée.

3 Retourner les bols pour les démouler sur une plaque de four recouverte de papier cuisson. Déposer sur un dôme de purée les tranches de reblochon, sur un autre la raclette et sur le dernier la mozzarella (3). Enfourner 10 minutes, parsemer de persil ciselé puis déguster (4).

ASTUCE CHEFCLUB
Soyez bien vigilant quand vous recouvrez l'œuf de purée, il serait dommage de le crever, vous perdriez l'effet coulant quand vous couperez le dôme.

LA RECETTE EN VIDÉO

L'idée Chefclub

UN ŒUF COULANT QUI SE CACHE AU CŒUR DE LA PURÉE

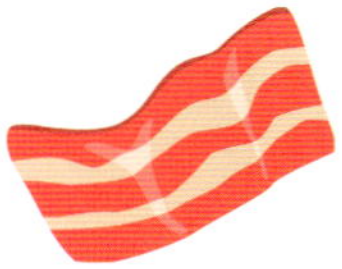

LA CARBOCOURGE

LES SPAGHETTI EN VERSION VÉGÉTALE

4 PERSONNES

PRÉPARATION
30 minutes

CUISSON
10 minutes à la poêle
10 minutes à l'eau
10 minutes au four

INGRÉDIENTS
200 g de lardons
1 oignon
2 courges spaghetti
30 cl de crème fraîche
60 g de mozzarella râpée
4 jaunes d'œufs
Persil
Sel et poivre

MATÉRIEL
Papier cuisson

1 Faire griller les lardons avec l'oignon émincé. Couper les courges spaghetti en 2 dans la hauteur. Retirer les graines puis cuire les courges 10 minutes dans de l'eau bouillante (1).

2 Récupérer la moitié de la chair des courges spaghetti en les grattant avec une fourchette (2). Mélanger cette chair avec les lardons, la crème, du sel et du poivre (3).

3 Replacer ce mélange dans les courges cuites posées sur une plaque de four recouverte de papier cuisson. Parsemer de mozzarella puis enfourner 10 minutes à 180 °C. 3 minutes avant de les sortir, poser un jaune d'œuf sur chaque courge. À la sortie du four, parsemer de persil (4) puis déguster.

ASTUCE CHEFCLUB

La courge spaghetti peut surprendre au premier abord mais sa chair, en longs filaments, est délicieuse. Mangez-la chaude comme des pâtes ou refroidie en salade. Ne la faites pas cuire trop longtemps pour ne pas perdre cette texture particulière.

LA RECETTE EN VIDÉO

L'idée Chefclub

UNE CARBONARA DE LÉGUME GRÂCE À UNE COURGE BIEN PARTICULIÈRE

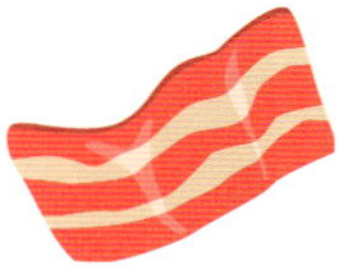

LA TARTI-CHOU-FLETTE

LE CHOU-FLEUR MET LA POMME DE TERRE AU CHÔMAGE TECHNIQUE

4 PERSONNES

PRÉPARATION
15 minutes

CUISSON
15 minutes à l'eau
10 minutes à la poêle
20 minutes au four

INGRÉDIENTS
1 chou-fleur
1 oignon
250 g de lardons
20 cl de crème fraîche
1 reblochon
Persil
Poivre

MATÉRIEL
1 plat allant au four

1 Découper le chou-fleur en petites têtes, les cuire dans de l'eau bouillante salée (1) puis les plonger dans de l'eau glacée.

2 Faire revenir l'oignon émincé et les lardons. Disposer les têtes de chou-fleur dans le plat, les poivrer puis les recouvrir de crème fraîche.

3 Placer par-dessus les lardons et l'oignon cuits (2). Couper le reblochon en tranches (3) et les poser sur le dessus. Enfourner 20 minutes à 180 °C. Parsemer de persil ciselé puis déguster (4).

ASTUCE CHEFCLUB
À la fin de la cuisson dans l'eau bouillante, il est important de passer le chou-fleur dans l'eau glacée, cela permet de stopper rapidement la cuisson et de conserver la fermeté du légume.

LA RECETTE EN VIDÉO

L'idée Chefclub

LE MÉLANGE PARFAIT ENTRE LE GRATIN DE CHOU-FLEUR ET LA TARTIFLETTE

LES SAUCISSES ALIGOT

LES SAUCISSES S'ENROULENT SUR L'ALIGOT QUI FILE

8 PERSONNES

PRÉPARATION

30 minutes

CUISSON

15 minutes au four
20 minutes à l'eau

INGRÉDIENTS

8 saucisses de Francfort
2 pâtes feuilletées
2 jaunes d'œufs
1 kg de pommes de terre
25 cl de crème fraîche
100 g de beurre
500 g de tomme de Savoie
Sel et poivre

MATÉRIEL

2 baguettes chinoises
1 poêle allant au four
1 pinceau
1 râpe
1 assiette creuse
1 plat rond plus grand que la poêle

1 Placer 1 saucisse entre 2 baguettes chinoises et l'entailler perpendiculairement aux baguettes sur toute la longueur pour qu'elle puisse se tordre facilement (1). Faire de même avec toutes les saucisses (2). Tailler les pâtes feuilletées en bandes de 6 cm de large et envelopper chaque saucisse dans une bande (3). Placer les saucisses en spirale dans la poêle (4), les badigeonner de jaune d'œuf (5) puis enfourner 15 minutes à 180 °C.

2 **Préparation de l'aligot :**
Éplucher les pommes de terre et les faire cuire dans de l'eau salée. Râper la tomme de Savoie. Égoutter les pommes de terre puis les écraser en purée avec la crème fraîche et le beurre. Ajouter la tomme de Savoie râpée, saler et poivrer (6) puis mélanger.

3 Placer l'assiette creuse retournée dans le plat rond puis verser l'aligot dessus (7). Déposer le rouleau de saucisses par-dessus, au niveau de l'assiette retournée. Couper les feuilletés aux saucisses en parts puis déguster en trempant dans l'aligot (8-9).

ASTUCE CHEFCLUB

Pour une purée encore plus onctueuse et légère, vous pouvez la passer au chinois après l'avoir écrasée et avant d'incorporer le fromage. Elle en sera plus aérienne.

LA RECETTE EN VIDÉO

L'idée Chefclub

UNE SAUCISSE EN CROÛTE AVEC L'ALIGOT

LE DESSERT

SOUS LE PLAID

LA TARTE POMME-POIRE

ELLE VA FAIRE DES VAGUES

6 PERSONNES

PRÉPARATION
20 minutes

CUISSON
30 minutes au four

INGRÉDIENTS
3 pommes de couleurs différentes
3 poires
2 œufs
100 g de sucre
100 g de poudre d'amandes
100 g de beurre
1 pâte brisée
Glace à la vanille
Coulis de caramel

MATÉRIEL
1 plat à tarte

1 Couper en 2 les pommes et les poires puis couper chaque moitié en très fines lamelles (1-2). Aligner ces lamelles en les superposant légèrement (3) afin d'en faire 12 bandes (4).

2 **Préparation de la pâte d'amandes :**
Mélanger les œufs, le sucre, la poudre d'amandes et le beurre (5) puis étaler cette pâte d'amandes sur la pâte brisée placée dans le plat à tarte (6).

3 Disposer les bandes de fruits sur leur tranche dans la pâte d'amandes en les collant les unes aux autres (7-8) puis enfourner 30 minutes à 170 °C. Déguster avec de la glace à la vanille et du coulis de caramel (9).

ASTUCE CHEFCLUB
Si vous êtes allergique aux amandes, vous pouvez remplacer la poudre par la même quantité de farine. Vous pouvez aussi essayer avec de la noix de coco râpée qui apportera une douce saveur !

LA RECETTE EN VIDÉO

L'idée Chefclub

DES FRUITS COUPÉS FINEMENT POUR UNE GARNITURE FONDANTE

LA FORÊT DE NOËL

MON BON SAPIN, ROI DES GÂTEAUX

6 PERSONNES

PRÉPARATION
35 minutes

CUISSON
15 minutes au four

INGRÉDIENTS
160 g de farine
4 œufs
400 g de pâte à tartiner
300 g de chocolat blanc
8 cornets de glace
50 g de noix de coco râpée
Colorant vert
Colorant rouge
Décorations en sucre
Chantilly
Sucre glace

MATÉRIEL
1 moule à charnière

1 Mélanger la farine, les œufs et la pâte à tartiner puis verser le mélange dans le moule (1). Enfourner 15 minutes à 180 °C.

2 Faire fondre le chocolat blanc. Ajouter du colorant vert dans deux tiers du chocolat (2) et conserver le reste. Tremper les cornets de glace dans le chocolat vert. Placer des décorations en sucre sur 4 d'entre eux et de la noix de coco en poudre sur 2 autres.

3 Ajouter du colorant rouge dans le reste du chocolat blanc fondu et dessiner avec sur les 2 derniers cornets.

4 Remplir tous les cônes de chantilly (3) et les poser à l'envers sur le gâteau un peu refroidi. Recouvrir le gâteau de sucre glace puis déguster (4).

ASTUCE CHEFCLUB
Pour réaliser les guirlandes de chocolat rouge sur les cornets, prenez une cuillère de chocolat fondu et faites-le couler en fin filet. Passez les cornets sous le filet pour tracer des traits précis.

LA RECETTE EN VIDÉO

L'idée Chefclub

DES CORNETS DE GLACE EN GUISE DE FORÊT DE SAPINS

LE COOKIE-CRÈME BRÛLÉE

UN DESSERT 2 EN 1

8 PERSONNES

PRÉPARATION
35 minutes

CUISSON
40 minutes au four

INGRÉDIENTS
250 g de beurre
210 g de sucre roux
2 œufs
440 g de farine
1 pincée de sel
1 sachet de levure
200 g de pépites de chocolat
5 jaunes d'œufs
100 g de sucre
50 cl de crème liquide
½ gousse de vanille

MATÉRIEL
1 plat à tarte
1 grande casserole
1 chalumeau
Papier cuisson

1 **Préparation du cookie :**
Mélanger le beurre coupé en morceaux, 160 g de sucre roux, les œufs, la farine, le sel, la levure et les pépites de chocolat (1). Placer cette pâte à cookies dans le plat à tarte et appuyer dessus avec la casserole pour qu'elle épouse bien la forme du moule (2). Enfourner 20 minutes à 180 °C.

2 **Préparation de la crème brûlée :**
Mélanger les jaunes d'œufs avec le sucre puis ajouter la crème liquide et la vanille grattée. Démouler le plat à tarte en cookie et le déposer sur une plaque de four recouverte de papier cuisson. Verser le mélange à la crème dans le cookie (3) puis enfourner 20 minutes à 140 °C.

3 À la sortie du four, recouvrir la crème avec le reste de sucre roux et le faire caraméliser au chalumeau. Couper en parts (4) puis déguster.

ASTUCE CHEFCLUB
Attention au démoulage du cookie ! Le gâteau est fragile, il faut bien attendre qu'il ait refroidi avant de le sortir du plat. Si vous avez un moule facile à démouler, c'est le moment de le sortir ! Sinon, vous pouvez aussi simplement laisser le cookie dans le plat.

LA RECETTE EN VIDÉO

L'idée Chefclub

2 CLASSIQUES SUCRÉS EN 1 DESSERT

LE FONDANT À L'ORANGE

ON A DIT 5 FRUITS ET LÉGUMES PAR JOUR !

6 PERSONNES

PRÉPARATION
25 minutes

CUISSON
20 minutes au four

INGRÉDIENTS
6 oranges
150 g de sucre
3 œufs
150 g de beurre
150 g de chocolat noir
100 g de farine
Sucre glace
Menthe

MATÉRIEL
3 cure-dents
Papier cuisson

1 Couper le haut des oranges puis retirer la chair sans abîmer la peau. Presser la chair pour récupérer le jus. Retourner le haut des oranges coupées, poser dessus les oranges vidées et les fixer avec des demi-cure-dents (1).

2 Mélanger le sucre, 5 cl de jus d'orange, les œufs, le beurre et le chocolat noir fondus (2) puis la farine.

3 Répartir ce mélange dans les oranges posées sur la plaque recouverte de papier cuisson (3) et enfourner 20 minutes à 180 °C. À la sortie du four, saupoudrer l'ensemble de sucre glace, décorer avec des feuilles de menthe puis déguster (4).

ASTUCE CHEFCLUB
N'hésitez pas à ajouter quelques zestes d'orange dans votre mélange au chocolat, le parfum en sera décuplé. En revanche, préférez des oranges bio ou non traitées dans ce cas !

LA RECETTE EN VIDÉO

L'idée Chefclub

L'ÉCORCE DE L'ORANGE COMME RÉCIPIENT POUR LE GÂTEAU AU CHOCOLAT

LA COURONNE DE HOUX GOURMANDE

À DÉGUSTER EN ATTENDANT NOËL

6 PERSONNES

PRÉPARATION
20 minutes

CUISSON
20 minutes au four

INGRÉDIENTS
2 pâtes à pizza rectangulaires
100 g de pâte à tartiner
1 jaune d'œuf
1 barquette de groseilles
Menthe
Dragibus®
Sucre glace

MATÉRIEL
1 paire de ciseaux
1 pinceau
Papier cuisson

1 Étaler une fine couche de pâte à tartiner sur chaque pâte à pizza (1-2) puis les rouler sur elles-mêmes afin de former 2 rouleaux. Sur une plaque de four recouverte de papier cuisson, disposer les 2 rouleaux en demi-cercles face à face pour former une couronne (3).

2 À l'aide des ciseaux, réaliser des entailles en biseau espacées de 2,5 cm dans la pâte (4) puis rabattre les morceaux de pâte coupés de part et d'autre du cercle (5-6). Badigeonner la couronne de jaune d'œuf (7) puis enfourner 20 minutes à 180 °C.

3 Décorer la couronne de grappes de groseilles, de feuilles de menthe (8), de Dragibus® et saupoudrer de sucre glace puis déguster (9).

ASTUCE CHEFCLUB
Pour vous assurer des entailles bien nettes et éviter que la pâte ne colle aux ciseaux, passez la pâte au frais pendant une demi-heure.

LA RECETTE EN VIDÉO

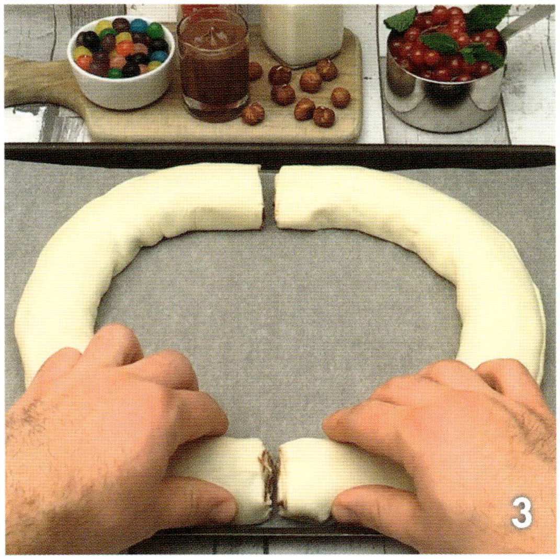

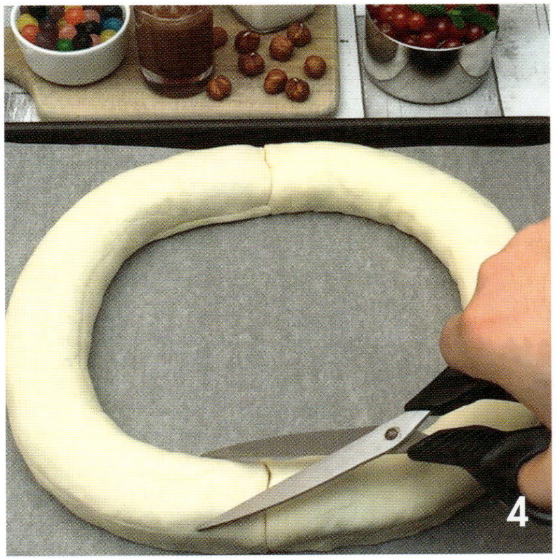

L'idée Chefclub

UNE TARTE ROULÉE EN FORME DE COURONNE DE NOËL

LA POMME FEUILLETÉE

VOUS ÊTES PLUTÔT CHOCOLAT OU CARAMEL ?

4 PERSONNES

PRÉPARATION
20 minutes

CUISSON
15 minutes au four

INGRÉDIENTS
4 pommes Pink Lady®
150 g de sucre roux
1 pâte feuilletée rectangulaire
50 g de chocolat noir
100 g de caramel au beurre salé
Chantilly

MATÉRIEL
1 vide-pomme
Papier cuisson

1 Peler les pommes et retirer leur trognon à l'aide du vide-pomme puis les recouvrir de sucre roux (1). Couper la pâte feuilletée en 9 bandes égales et dessiner dans l'une d'entre elles 8 petites feuilles à la pointe d'un couteau (2).

2 Envelopper chaque pomme dans 2 bandes de pâte en laissant une ouverture au sommet puis les décorer avec 2 petites feuilles de pâte.

3 Insérer une barre de chocolat dans 2 pommes et répartir le caramel dans les 2 autres. Déposer les 4 sur une plaque de four recouverte de papier cuisson (3) puis enfourner 15 minutes à 180 °C. Déguster avec de la chantilly (4).

ASTUCE CHEFCLUB
Apportez une pointe de saveur délicate à vos pommes en mélangeant un peu de sucre vanillé dans le sucre roux : c'est un délice !

LA RECETTE EN VIDÉO

2

L'idée Chefclub

UNE POMME RECONSTITUÉE EN PÂTE FEUILLETÉE

3

4

LE COCKTAIL

DANS LE JACUZZI

LE SORBET GIN-TO

UN GRAND CLASSIQUE EN VERSION GLACÉE

3 PERSONNES

PRÉPARATION
10 minutes

REPOS
1 heure au congélateur

INGRÉDIENTS
3 citrons jaunes
20 cl de Schweppes®
2 citrons verts
1 L de sorbet au citron
15 cl de gin

MATÉRIEL
1 bac à glaçons
1 mixeur

1 Couper le haut des citrons jaunes et retirer la chair sans abîmer la peau. Presser la chair retirée (1). Verser le jus de citron dans le bac à glaçons (2). Compléter les compartiments avec le Schweppes® et les parsemer de zestes d'1 citron vert (3). Placer 1 heure au congélateur.

2 Mixer le sorbet au citron (4) avec le gin (5) et les glaçons au citron (6-7). Remplir les citrons évidés avec le mélange (8) et les parsemer de zestes du citron vert restant puis déguster (9).

ASTUCE CHEFCLUB
Attention quand vous râpez le citron vert pour récupérer les zestes : arrêtez-vous avant d'atteindre la partie blanche qu'on appelle le ziste, elle a un goût amer très marqué.

LA RECETTE EN VIDÉO

L'idée Chefclub

UN COCKTAIL GIVRÉ DANS SON VERRE EN ÉCORCE DE CITRON

L'*IRISH COFFEE* GOURMAND

UN CAFÉ AVEC UN PETIT GOÛT DE REVIENS-Y

4 PERSONNES

PRÉPARATION

15 minutes

INGRÉDIENTS

100 g de chocolat noir
5 cl de lait
100 g de spéculoos
500 g de glaçons
10 cl de café
30 cl de whisky
15 cl de crème liquide
Cacao en poudre

MATÉRIEL

1 pinte d'1 L
1 mixeur
1 fouet électrique

1 Faire fondre le chocolat avec le lait chaud et émietter les spéculoos (1). Tremper le haut de la pinte dans le chocolat fondu puis dans la poudre de spéculoos.

2 Mixer les glaçons et le café pour obtenir un granité (2) puis le verser dans la pinte. Ajouter la moitié du whisky (3).

3 Battre la crème au fouet électrique jusqu'à obtenir une chantilly puis y intégrer le whisky restant. Placer cette crème sur le granité dans la pinte. Saupoudrer de cacao en poudre, ajouter des morceaux de spéculoos puis déguster (4).

ASTUCE CHEFCLUB

Pour un *Irish coffee* traditionnel et chaud, faites chauffer du whisky avec un peu de sucre et placez-le au fond d'un verre. Ajoutez du café chaud par-dessus puis de la chantilly.

LA RECETTE EN VIDÉO

L'idée Chefclub

UN *IRISH COFFEE* EN VERSION GLACÉE, GÉANTE ET GOURMANDE !

LE COCKTAIL SANGLANT

VOUS N'ALLEZ PAS EN CROIRE VOS YEUX !

6 PERSONNES

PRÉPARATION
15 minutes

REPOS
1 nuit au congélateur

INGRÉDIENTS
30 litchis
30 petits raisins noirs
75 cl de grenadine
1 L de vodka
3 L de limonade

MATÉRIEL
1 grand saladier
1 gant en latex
1 louche

1 Remplir le gant en latex d'eau (1), bien le fermer et le placer 1 nuit au congélateur.

2 Décortiquer les litchis, les dénoyauter et les fourrer avec les raisins (2). Dans le saladier, verser la grenadine (3), la vodka et la limonade puis ajouter les litchis fourrés (4).

3 À la sortie du congélateur, retirer le gant (5) et placer la main en glace dans le saladier (6). Utiliser la louche pour remplir les verres (7) et déguster (8-9) !

ASTUCE CHEFCLUB
Pour un cocktail très très sanglant, ajoutez du colorant alimentaire rouge dans le saladier, ce sera encore plus effrayant qu'avec la seule grenadine.

LA RECETTE EN VIDÉO

L'idée Chefclub

DES LITCHIS ET RAISINS POUR FORMER DES YEUX, ET UNE MAIN EN GLAÇON

VOS CADEAUX DE BIENVENUE !

Félicitations ! Vous faites désormais partie de la grande famille Chefclub !
À ce titre, voici quelques avantages qui vous sont réservés :

Débloquez maintenant
UN PACK
3 RECETTES D'HIVER
INÉDITES !

Comment débloquer ces vidéos secrètes ?
1. Téléchargez gratuitement l'application Chefclub
2. Une fois dans l'application, scannez le QR code ci-dessus et c'est parti !

Disponible sur App Store
DISPONIBLE SUR Google Play

REJOIGNEZ LE CLUB PRIVÉ, LE GROUPE D'ENTRAIDE DE CHEFCLUB

Vous pourrez interagir avec la communauté, poser vos questions, poster vos réalisations, obtenir des conseils, partager vos astuces… Pour y accéder, recherchez sur Facebook **« le Club Privé Chefclub »** puis cliquez simplement sur « Rejoindre le Club Privé » et répondez à la question qui vous sera posée.

FAITES PASSER VOS RECETTES À LA POSTÉRITÉ !

Vous avez travaillé dur ? Vous avez innové en changeant quelques ingrédients ? Quoi qu'il en soit, vous avez raison d'être fier(e) de votre création ! Envoyez-nous vos plus belles photos à :

communaute@chefclub.tv

Nous les partagerons avec la communauté sur Instagram en mentionnant votre compte.

PARTICIPEZ AUX ATELIERS CHEFCLUB ET RENCONTREZ TOUTE L'ÉQUIPE

Travailler main dans la main avec notre communauté est une priorité. C'est la communauté qui décide du titre et de la couverture des livres que vous lisez, c'est elle qui participe à l'élaboration **des sauces Chefclub,** c'est encore elle qui conçoit les premiers ustensiles de la gamme **Chefclub Merveilles.** Nous organisons régulièrement des ateliers à Paris et, en tant que membre de la communauté, vous aurez peut-être l'occasion d'y participer.

MERCI

Un immense merci de la part de notre équipe internationale ! Ce livre, les précédents, les suivants ainsi que tous nos projets en cours ou à venir n'auraient jamais pu voir le jour sans vous. C'est grâce à votre soutien que nous avons parcouru un tel chemin…

Octobre 2019

Chefclub transforme la cuisine en jeu avec le pack Kiddoz : notre premier livre pour les enfants, accompagné de ses tasses à mesurer extraordinaires ! À suivre…

Mai 2019

65 millions d'abonnés sur les réseaux et 300 000 livres déjà vendus !

Avril 2019

Sortie du 1er ustensile de la gamme Chefclub Merveilles.

Décembre 2018

Ouverture du Chefclub ministore, notre boutique éphémère ! Nous vous retrouvons à la gare Montparnasse (Paris) pour les fêtes de fin d'année.

Novembre 2018

5 nouveaux livres sortent : *Le Sucré*, *Light & Fun* et *L'Apéro* puis le *Best Of (Vol.2)* et enfin *La Raclette*.

Octobre 2018

Nous réunissons pour la 1re fois des membres de la communauté pour co-créer un nouveau produit : les sauces Chefclub.

Juin 2018

Chefclub déménage dans son atelier au centre de Paris avec une équipe de 32 personnes.

Novembre 2017

Chefclub auto-édite le *Best Of (Vol.1)*. Vos vidéos préférées sont rassemblées dans un 1er livre !

Février 2017

10 millions d'abonnés sur les réseaux sociaux. Nous sommes 10 à travailler dans l'appartement.

Mai 2016

Chefclub s'exporte. Nos vidéos partent à la conquête des cuisines du monde entier.

Avril 2016

« On s'amuse en cuisine ». L'ADN de Chefclub se précise. Nous nous efforçons de proposer des recettes extraordinaires avec des ingrédients ordinaires.

Février 2016

3 frères transforment la cuisine de l'appartement familial en studio de fortune. La 1re vidéo est publiée… Il va falloir progresser !

Rendez-vous sur **www.chefclub.tv/fr/story**
pour suivre l'aventure et retrouver les photos et vidéos des grandes étapes de Chefclub !

ENCORE FAIM ?

Découvrez toute la collection des livres de recettes et nos ustensiles Chefclub :

LA MADELEINE GÉANTE ET SES PETITS

RENDEZ-VOUS SUR LE SITE

NOUVEAU

LE COFFRET KIDDOZ

ON S'AMUSE EN CUISINE AVEC LES TASSES À MESURER KIDDOZ !

NOTRE 1ER LIVRE DE CUISINE POUR LES ENFANTS

TABLE DES MATIÈRES

INDEX

Recettes basiques

Ingrédients

A

B

C

R

S

T

V

2019, Snacking Media
53, rue de Chabrol
75010 Paris - France

Ce livre ne peut pas être vendu hors de son coffret.

Dépot légal : novembre 2019
ISBN : 978-2-490129-29-4
Imprimé en Europe par Koryo en octobre 2019

Les marques mentionnées dans l'ouvrage ne sont pas publicitaires et répondent au seul choix de l'éditeur.
Les marques Babybel®, Dragibus®, Maïzena®, Pink Lady® et Schweppes® sont des marques déposées.

L'abus d'alcool est dangereux pour la santé, consommez avec modération.